Elias Huther

Künstlich: New ABC Buch

Vier Hauptsprachen lesen lernen

Elias Huther

Künstlich: New ABC Buch
Vier Hauptsprachen lesen lernen

ISBN/EAN: 9783743679269

Hergestellt in Europa, USA, Kanada, Australien, Japan

Cover: Foto ©Paul-Georg Meister /pixelio.de

Weitere Bücher finden Sie auf **www.hansebooks.com**

Künstlich

New  Buch.

Darausz ein Junger

Knabe / die nötigsten vier

Hauptsprachen

Ebraisch

Grieckisch

Lateinisch

Deutsch

Zugleich so leicht / als ein alleine / mit grossem vortheil lesen lernen kan / allgemeiner Christlichen Jugend zum besten angestellet

Durch Eliam Hutterum.

Gedruckt zu Hamburg

Durch Ernst Jandeck.

1593.

Cum Gratia & Priuilegijs.

ש ת

ס ע פ צ ק ר

י כ ל מ נ

ז ח ט

ו ה

ג ד

A	א ב	A
Β Γ Δ	Ↄ O C	B C
Ε	A B	D E
Ζ	C	F
Η Θ Ι	D E	G
Κ Λ	F G H	H
Μ Ν	I	I
Ξ	K L	K L
Ο	M N O	M N O
Π Ρ	P Q	P Q
Σ Τ Υ	R S T V	R S T V
Φ Χ Ψ	W X Y Z	W X Y Z
Ω	Ω	Ω

א ל י ה ו ת נ מ כ ב ש

Vorrede / an die Christliche liebe Jugend / aus dem 55. Cap. Esaie.

WOlan alle die jhr dürstig seid / kommet her zum Wasser / vnd die jhr nicht Geld habt kompt her / keuffet vnd esset / kompt her / vnd keufft ohne Geld vnd vmb sonst / beyde Wein vnd Milch.

Warumb zehlet jhr Geld dar / da kein Brot ist / vnd ewer Arbeit / da jhr nicht satt von werden könnet?

Höret mir doch zu / vnd esset das gute / so wird ewer Seele in wollust fett werden / Neiget ewre Ohren her / vnd kompt her zu mir / höret / so wird ewer Seele leben / Denn ich wil mit euch einen ewigen Bund machen / Nemlich / die Gewissen gnaden Davids / Sihe ich hab jhn den Leuten zum Zeugen gestellet / zum Fürsten vnd Gebieter den Völckern. Sihe du wirst Heiden ruffen / die du nicht kennest / vnd Heiden die dich nicht kennen / werden zu dir lauffen / vmb des HERRN willen deines Gottes / vnd des Heiligen in Jsrael / der dich preise.

Süchet den HErrn weil er zufinden ist / Ruffet jhn an weil er nahe ist / der Gottlose lasse von seinem wege / vnd der Vbeltheter seine gedancken / vnd bekehre sich zum HErrn / so wird er sich sein erbarmen / Vnd zu vnserm Gott / denn bey jhm ist viel vergebung / Denn meine gedancken sind nicht ewer gedancken / vnd ewer Wege sind nicht meine Wege / spricht der HERR.

Sondern so viel der Himmel höher ist denn die Erde / so sind auch meine Wege höher denn ewer Wege / vnd meine gedancken denn ewer gedancken.

Denn gleich wie der Regen vnd Schnee vom Himmel fellet / vnd nicht wider dahin kömmet / sondern feuchtet die Erden / vnd machet sie fruchtbar vnd wachsend / das sie giebt Samen zu seen / vnd Brot zu essen.

Also sol das wort so aus meinem Munde gehet / auch sein / Es sol nicht wider zu mir leer kommen / sondern thun das mir gefellet / vnd sol jhm gelingen / dazu ichs sende.

Denn jhr sollet in freuden ausziehen vnd in friede geleitet werden / Berge vnd Hügel sollen vor euch her frolocken mit ruhm / vnd alle Beume auff dem Felde mit den Henden klappen. Es sollen Tannen für Hecken wachsen / vnd Mirten für Dornen. Vnd dem HERRN soll ein Name vnd ewiges Zeichen sein / das nicht ausgerottet werde.

Item / Esaie am 59. Cap.

Vnd ich mache solchen Bund mit jhnen / spricht der HERR / Mein Geist der bey dir ist / Vnd meine Wort / die ich in deinen Mund gelegt habe / sollen von deinem Mund nicht weichen noch von dem Munde deines Samens / vnd Kindes kind / spricht der HERR / von nun an bis in ewigkeit.

Item / Esaie am 66. Cap.

Jch wil kommen vnd samlen jhre wercke vnd gedancken / sampt allen Heyden vnd Zungen / das sie kommen vnd sehen meine Herrligkeit / vnd ich wil ein ZEICHEN vnter sie geben / vnd jhrer etliche / die errettet sind / senden zu den Heyden am Meer / Jn Afriam vnd Africam / zu den Muschewitern / Spanien vnd Griechen / vnd in die ferne zun Juseln / da man nichts von mir gehöret hat / vnd die meine Herrligkeit nicht gesehen haben / vnd sollen meine Herrligkeit vnter den Heyden verkündigen.

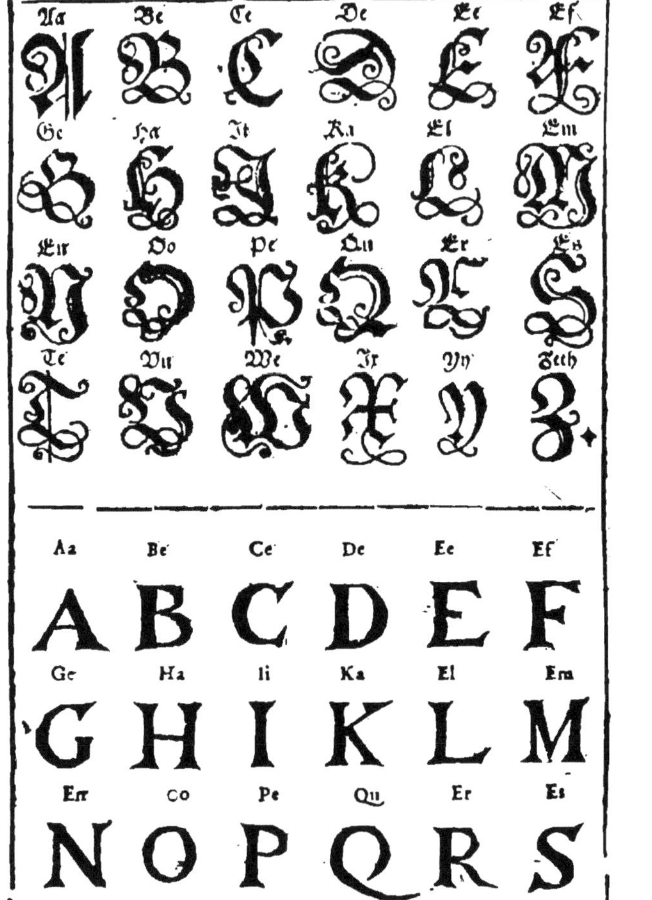
Aa Be Ce De Ee Ef
A B C D E F
Ge Ha Ii Ka El Em
G H I K L M
Enn Oo Pe Qu Er Es
N O P Q R S
Te Vu VVe Ix Yy Zeth.
T V W X Y Z

Aleph	Beth	Gimel	Daleth	He	Heach
א	ב	ג	ד	ה	ה
Vau	Zain	Chet	Thet	Iod	Caph
ו	ז	ח	ט	י	כ
Lamed	Mem	Nun	Samech	Ain	Peh
ל	מ	נ	ס	ע	פ
Zade	Kuph	Reſch	Schin	Sin	Thau
צ	ק	ר	שׁ	שׂ	ת

Alpha	Beta	Gamma	Delta	Epſilon	Zeta
Α	Β	Γ	Δ	Ε	Ζ
Eta	Thera	Iota	Cappa	Lamſda	My
Η	Θ	Ι	Κ	Λ	Μ
Ny	Xi	Omicron	Pi	Ro	Sigma
Ν	Ξ	Ο	Π	Ρ	Σ
Taf	Ypſilon	Phi	Chi	Pſi	Omega
Τ	Υ	Φ	Χ	Ψ	Ω

GERMANICE Deutsch.			LATINE Lateinisch.		
Aa A a a	Ji J i i	Er R r r	Aa A a a	Ii I i i	Er R r r
Be B b b	Ka K k k	Es S ſ s	Be B b b	Ka K k k	Es S ſ s
Ce C c c	El L l l	Te T t t	Ce C c c	El L l l	Te T t t
De D d d	Em M m m	Vu V u u	De D d d	Em M m m	Vu V u u
Ee E e e	En N n n	We W w w	Ee E e e	En N n n	VVe VV vv
Ef F f f	Oo O o o	Jr X x x	Ef F f f	Oo O o o	Ix X x x
Ge G g g	Pe P p p	Yy Y y y	Ge G g g	Pe P p p	Yy Y y y
Ha H h h	Qu Q q q	Zeth Z z z	Ha H h h	Qu Q q q	Zeth Z z z

GRAECE Griechisch			EBRAICE Ebraisch.		
Alpha Α α α	Iota Ι ι ι	Ro Ρ ρ ρ	Ain ע ע ע	Cheth ח ח ח	Aleph אָ א א
Beta Β β ϐ	Cappa Κ κ κ	Sigma Σ σ ς	Peh פ פ פּ	Theth ט ט ט	Beth ב ב בּ
Gamma Γ γ γ	Lamfda Λ λ λ	Taf Τ τ ⁊	Zade צ צ צ	Iod י י י	Gimel ג ג ג
Delta Δ δ δ	My Μ μ μ	Ypsilon Υ υ υ	Kuph ק ק ק	Caph כ כ כ	Daleth ד ד ד
Epsilon Ε ε ε	Ny Ν ν ν	Phi Φ φ φ	Resch ר ר ר	Lamed ל ל ל	He ה ה
Zeta Ζ ζ ζ	Xi Ξ ξ ξ	Chi Χ χ χ	Schin. שׁ ש ש	Mem מ מ מ	Heach הּ ה ה
Eta Η η η	Omicron Ο ο ο	Psi Ψ ψ ψ	Sin שׂ שׂ שׂ	Nun נ נ נ	Vau ו ו ו
Theta Θ θ ϑ	Pi Π ϖ π	Omega Ω ω ω	Tau ת ת ת	Samech ס ס ס	Zain ז ז ז

Collatio 4. Alphabethorum ordine Ebraico.

Vorgleichung der vier A B C / nach Ebraischer Ordnung.

Germanicè. Deutsch.			Latinè. Lateinisch.			Græcè. Griechisch.			Ebraicè. Ebraisch.		
A	e i o	u	A	e i o	u	'	ʽ	'	א	א	א
B	b	b	B	b	b	Β	ϐ	β	ב	ב	בּ
G	g	g	G	g	g	Γ	γ	γ	ג	ג	גּ
D	d	d	D	d	d	Δ	δ	δ	ד	ד	דּ
H	h	h	H	h	h	Ͱ	ͱ	'	הּ	ה	ה
H	h	h	H	h	h	Ͱ	ʽ	'	הּ	הּ	הּ
V	v	u	V	v	u	Υ	υ	υ	ו	ו	ו
Z	z	ds	Z	z	ds	Ζ	ζ	δς	ז	ז	ז
Ch	ch	ch	Ch	ch	ch	Ͱ	ͱ	'	ח	ח	ח
Th	th	th	Th	th	th	Θ	θ	ϑ	ט	ט	ט
I	i	i	I	i	i	Ι	ι	ι	י	י	י
K	c	ch	K	c	ch	Κ	κ	χ	ך	כ	כּ

Nomi-

Nomina 4. Alphabethorum ordine Ebraico.

Die Namen der vier A B C / nach Ebraischer Ordnung.

Germanicè. Deutsch.	Latinè. Lateinisch.	Græcè. Griechisch.	Ebraicè. Ebraisch.
Aleph	Aleph	⊣αλέφ	אָלֶף
Beth	Beth	Βηϑ	בֵּית
Gimel	Gimel	Γιμελ	גִּימֶל
Daleth	Daleth	Δαλετ	דָּלֶת
He	He	Ͱη	הֵא
Heach	Heach	Ͱ ηαχ	הֵהּ
Vau	Vau	Υαυ	וָו
Zain	Zain	Ζαϊν	זַיִן
Cheth	Cheth	Χηϑ	חֵית
Theth	Theth	Θῆϑ	טֵית
Jod	Iod	Ιωδ	יוֹד
Kaph	Caph	Καφ	כַּף

Collatio 4. Alphabethorum ordine Ebraico.

Vergleichung der vier ABC/ nach Ebraischer Ordnung.

Germanicè. Deutsch.	Latinè. Lateinisch.	Græcè. Griechisch.	Ebraicè. Ebraisch.
L l l	L l l	Λ λ λ	ל ל ל
M m m	M m m	Μ μ μ	מ מ ם
N n n	N n n	Ν ν ν	נ נ ן
S s ſ	S s ſ	Σ σ ς	ס ס ס
⊣ ' '	⊣ ' '	⊣ ' '	ע ע ע
P p ph	P p ph	Π ϖ π φ	פּ פ ף
Z z z	Z ts tz	Ζ ζ ζ	צ צ ץ
Q q q	Q q q	Κ κ κ	ק ק ק
R r r	R r r	Ρ ρ ρ	ר ר ר
Sch ſch	Sch ſch	Σχ σχ	שׁ שׁ שׁ
S s ß	S s ſ	Σ σ ς	שׂ שׂ שׂ
T t t	T t t	Τ τ ϑ	תּ ת ת

Nomina 4. Alphabethorum ordine Ebraico.

Die Namen der vier ABC/nach Ebraiſcher Ordnung.

Germanicè. Deutſch.	Latinè. Lateiniſch.	Græcè. Grieckiſch.	Ebraicè. Ebraiſch.
Lamed	Lamed	Λαμεδ	לָמֶד
Mem	Mem	Μημ	מֵים
Nun	Nun	Νυν	נוּן
Samech	Samech	Σαμεχ	סָמֶךְ
Ain	Ain	Ἀιν	עַיִן
Peh	Peh	Πη	פֵּה
Zade	Zade	Ζαδη	צָדֵה
Kuph	Kυph	Κυφ	קוּף
Reſch	Reſch	Ρησχ	רֵישׁ
Schin	Schin	Σχιν	שִׁין
Sin	Sin	Σιν	שִׂין
Thau	Thau	Ταυ	תָּו

CONSONANTES & VOCALES.

Die mit stimmenden vnd lautbuchstaben.

A	a	a	A	a	a	ͰA ʼα ά	אָ	אַ	אֲ
E	e	e	E	e	e	ͰH ἡ ͰE ἑ	אֵ	אֶ	אֱ
J	i	i	I	i	i	ͰI ʼι ί	אִי	אִ	אִ
O	o	o	O	o	o	ͰΩ ὡ ͰO ὁ	אוֹ	אָ	אֳ
V	u	u	V	u	u	ͰΥ ὑ ὑ	אוּ	אֻ	אֻ
A	a	a	A	a	a	ͰA ʼα ά	עָ	עַ	עֲ
E	e	e	E	e	e	ͰH ἡ ͰE ἑ	עֵ	עֶ	עֱ
J	i	i	I	i	i	ͰI ʼι ί	עִי	עִ	עִ
O	o	o	O	o	o	ͰΩ ὡ ͰO ὁ	עוֹ	עָ	עֳ
V	u	u	V	u	u	ͰΥ ʼυ ὑ	עוּ	עֻ	עֻ
HA	ha	ha	HA	ha	ha	ͰA ʼα ά	הָ	הַ	הֲ
HE	he	he	HE	he	he	ͰH ἡ ͰE ἑ	הֵ	הֶ	הֱ
HJ	hi	hi	HI	hi	hi	ͰI ʼι ί	הִי	הֹ	הִ
HO	ho	ho	HO	ho	ho	ͰΩ ὡ ͰO ὁ	הוֹ	הָ	הֳ
HV	hu	hu	HV	hu	hu	ͰΥ ʼυ ὑ	הוּ	הֻ	הֻ

CONSONANTES & VOCALES

Die mit stimmenden vnd laut buchstaben.

Chacha cha	Cha cha cha	ͰΑ ἁ ἁ	חֲ חַ חָ
Che che che	Che che che	ͰΗ ἡ ͰΕ ἑ	חֱ חֶ חֵ
Chi chi chi	Chi chi chi	ͰΙ ἱ ἱ	חִ חִ חִי
Cho cho cho	Cho cho cho	ͰΩ ὡ ͰΟ ὁ	חֳ חָ חוֹ
Chu Chu	Chu chu chu	ͰΥ ὑ ὑ	חֻ חֻ חוּ
Ba ba ba	Ba ba ba	ΒΑ ϐα βα	בֲ בַ בָ
Be be be	Be be be	ΒΗ ϐη ΒΕ βε	בֱ בֶ בֵ
Bi bi bi	Bi bi bi	ΒΙ ϐι βι	בִ בִ בִי
Bo bo bo	Bo bo bo	ΒΩ ϐω ΒΟ βο	בֳ בָ בוֹ
Bu bu bu	Bu bu bu	ΒΥ ϐυ βυ	בֻ בֻ בוּ
Ga ga ga	Ga ga ga	ΓΑ γα γα	גֲ גַ גָ
Ge ge ge	Ge ge ge	Γη γη ΓΕ γε	גֱ גֶ גֵ
Gi gi gi	Gi gi gi	ΓΙ γι γι	גִ גִ גִי
Go go go	Go go go	ΓΩ γω ΓΟ γο	גֳ גָ גוֹ
Gu gu gu	Gu gu gu	ΓΥ γυ γυ	גֻ גֻ גוּ

CONSONANTES & VOCALES.

Die mit stimmenden vnd lautbuchstaben.

DA da da	DA da da	ΔΑ δα δα	דָ דַ דֲ
DE de de	DE de de	ΔΗ δη ΔΕ δε	דֵ דֶ דֱ
DI di di	DI di di	ΔΙ δι δι	דִי דִ דִ
DO do do	DO do do	ΔΩ δω ΔΟ δο	דוֹ דָ דֳ
DV du du	DV du du	ΔΥ δυ δυ	דוּ דֻ דֻ
ZA za za	ZA za za	ΖΑ ζα ζα	זָ זַ זֲ
ZE ze ze	ZE ze ze	ΖΗ ζη ΖΕ ζε	זֵ זֶ זֱ
ZI zi zi	ZI zi zi	ΖΙ ζι ζι	זִי זִ זִ
ZO zo zo	ZO zo zo	ΖΩ ζω ΖΟ ζο	זוֹ זָ זֳ
ZV zu zu	ZV zu zu	ΖΥ ζυ ζυ	זוּ זֻ זֻ
LA la la	LA la la	ΛΑ λα λα	לָ לַ לֲ
LE le le	LE le le	ΛΗ λη ΛΕ λε	לֵ לֶ לֱ
LI li li	LI li li	ΛΙ λι λι	לִי לִ לִ
LO lo lo	LO lo lo	ΛΩ λω ΛΟ λο	לוֹ לָ לֳ
LV lu lu	LV lu lu	ΛΥ λυ λυ	לוּ לֻ לֻ

CONSONANTES & VOCALES

Die mitstimmenden vnd laut buchstaben.

MA ma	Ma ma ma	MA μα μα	מָ	מַ	מֲ
ME me	ME me me	MH μη ME με	מֵ	מֶ	מֱ
MI mi	MI mi mi	MI μι μι	מִי	מִ	מִ
MO mo	MO mo mo	MΩ μω MO μο	מוֹ	מָ	מֳ
MU mu	MV mu mu	MΥ μυ μυ	מוּ	מֻ	מֻ
NA na na	NA na na	NA να να	נָ	נַ	נֲ
NE ne ne	NE ne ne	NH νη NE νε	נֵ	נֶ	נֱ
NI ni ni	NI ni ni	NI νι νι	נִי	נִ	נִ
NO no no	NO no no	NΩ νω NO νο	נוֹ	נָ	נֳ
Nu nu nu	NV nu nu	NΥ νυ νυ	נוּ	נֻ	נֻ
RA ra ra	RA ra ra	PA ρα ρα	רָ	רַ	רֲ
RE re re	RE re re	PH ρη PE ρε	רֵ	רֶ	רֱ
RI ri ri	RI ri ri	PI ρι ρι	רִי	רִ	רִ
RO ro ro	RO ro ro	PΩ ρω PO ρο	רוֹ	רָ	רֳ
RU ru ru	RV ru ru	PΥ ρυ ρυ	רוּ	רֻ	רֻ

Collatio 4. Alphabethorum ordine Græco.

Vorgleichung der vier A B C / nach Griechischer Ordnung.

Germanicè. Deutsch.			Latinè. Lateinisch.			Græcè. Griechisch.			Ebraicè. Ebraisch.		
A	a	a	A	a	a	Α	α	α	◌ָ	◌ַ	◌ֲ
B	b	b	B	b	v	Β	ϐ	β	ב	ב	בּ
G	g	g	G	g	g	Γ	γ	γ	ג	ג	גּ
D	d	d	D	d	d	Δ	δ	δ	ד	ד	דּ
E	e	e	E	e	e	Ε	ε	ε	◌ֶ	◌ֶ	◌ֱ
Z	ds	ts	Z	ds	ts	Ζ	ζ	ζ	ץ	ז	צּ
E	e	e	E	e	e	Η	η	η	◌ֵ	◌ֵ	◌ֵ
Th	th	th	Th	th	th	Θ	ϑ	θ	ט	ט	טּ
I	i	i	I	i	i	Ι	ι	ι	י	◌ִ י	◌ִ
K	c	k	K	c	k	Κ	κ	κ	ך	כ	כּ
L	l	l	L	l	l	Λ	λ	λ	ל	ל	לּ
M	m	m	M	m	m	Μ	μ	μ	ם	מ	מּ

Collatio

Collatio 4 Alphabethorum ordine Græco.

Vorgleichung der vier A B C/nach Grieckischer Ordnung.

Germanicè. Deutsch.			Latinè. Lateinisch.			Græcè. Grieckisch.			Ebraicè. Ebraisch.		
N	n	n	N	n	n	Ν	ν	ν	ן	נ	נ
X	x	x	X	x	x	Ξ	ξ	ξ	כס		כס
O	o	o	O	o	o	Ο	ο	ο	[illegible]	[illegible]	[illegible]
P	p	p	P	p	p	Π	π	π	ף	פ	פּ
R	r	r	R	r	r	Ρ	ρ	ρ	ר	ר	ר
S	s	ſ	S	s	ſ	Σ	σ	ς	ס	ס	ס
T.	t	t	T	t	t	Τ	τ	τ	ת	ת	תּ
Y	y	y	Y	y	y	Υ	υ	υ	ו	[illegible]	ו
Ph	ph	ph	Ph	ph	ph	Φ	φ	φ	ף	פ	פ
Ch	ch	ch	Ch	ch	ch	Χ	χ	χ	ך	כ	כ
Ps	ps	ps	Ps	ps	ps	Ψ	ψ	ψ	פס		פס
O	o	o	Ω	ω	ω	Ω	ω	ω	וֹ	וֹ	וֹ

Collatio 4. Alphabetho: ordine Lat: & Ger:

Vorgleichung der vier A B C/nach Lateinischer und Deutscher Ordnung.

Germanicè Deutsch.			Latinè Lateinisch.			Græcè Grieckisch.			Ebraicè Ebraisch.		
A	a	a	A	à	a	A	α	α	ַ	ָ	ֲ
B	b	b	B	b	b	B	β	β	ב	בּ	בּ
C	c	c	C	c	c	Z	ζ	ζ	ז	ז	ז
D	d	d	D	d	d	Δ	δ	δ	ד	ד	דּ
E	e	e	E	e	e	E	ε	ε	ֵ	ֶ	ֱ
F	f	f	F	f	f	Φ	φ	φ	ף	פ	פּ
G	g	g	G	g	g	Γ	γ	γ	ג	ג	גּ
H	h	h	H	h	h	H	ʽ	ʽ	ה	ה	הּ
I	i	i	I	i	i	I	ι	ι	ִ	יִ	י
K	k	k	K	k	k	K	κ	κ	ך	כ	כּ
L	l	l	L	l	l	Λ	λ	λ	ל	ל	ל
M	m	m	M	m	m	M	μ	μ	ם	מ	מ

Colla-

Collatio 4. Alphabetho: ordine Lat: & Ger:

Vorgleichung der vier A B C/ nach Lateinischer vnd Deutscher Ordnung.

Germanicè. Deutsch.			Latinè. Lateinisch.			Græcè. Griechisch.			Ebraicè. Ebraisch.		
N	n	n	N	n	n	Ν	ν	ν	ב	ב	ב
O	o	o	O	o	o	Ο	ο	ο	וֹ	ֹ	ֹ
P	p	p	P	p	p	Π	ϖ	π	פ	פ	פ
Q	q	q	Q	q	q	Κ	κ	κ	ק	ק	ק
R	r	r	R	r	r	Ρ	ρ	ρ	ר	ר	ר
S	s	ſ	S	s	ſ	Σ	σ	ς	שׂ	ס	ס
T	t	t	T	t	t	Τ	τ	τ	ת	ת	ת
V	v	u	V	v	u	Υ	υ	υ	ֻ	וּ	ו
W	w	w	VV	vv	vv	ΟΥ	ου	ου	וו	וו	וו
X	x	x	X	x	x	Ξ	ξ	ξ	כשׂ	כס	כס
Y	y	y	Y	y	y	Υ	υ	ῠ	ֻ	וּ	ו
Z	z	z	Z	z	z	Ζ	ζ	ζ	ץ	צ	צ

Aséreth Haddefarim.	עֲשֶׂרֶת הַדְּבָרִים ׃	ͰΑΣΈΡΕΤ ἀδδεβαρίμ.
1	א	Α
Hammizvah Harischonah.	הַמִּצְוָה הָרִאשׁוֹנָה ׃	ͰΑΜΜΙΖΒᾺ ἄρισχωνά.
Lo jihieh lecha Elohim Acherim al panai.	לֹא־יִהְיֶה לְךָ אֱלֹהִים אֲחֵרִים עַל־פָּנָי ׃	Λὼ ἰιέιὲ λεχὰ ἐλωῖμ ἀχηρὶμ ἀλ-πανάι.
2.	ב	Β
Hammizvah Hasschenith.	הַמִּצְוָה הַשֵּׁנִית ׃	ͰΑΜΜΙΖΒᾺ ἀσχήνιτ
Lo Tissa eth Schem Jehovah Elohécha Lasschaf.	לֹא תִשָּׂא אֶת־שֵׁם יְהֹוָה אֱלֹהֶיךָ לַשָּׁוְא ׃	Λὼ τισσὰ ἐτ-σχὴμ ἰέωυὰ ἐλωέχα λασ-σχάβ.
3	ג	Γ
Hammizvah Hasschelischith	הַמִּצְוָה הַשְּׁלִישִׁית ׃	ͰΑΜΜΙΖΒᾺ ἀσχελισχίτ.
Zachor, eth jō Hasschabbath Lekaddeschro.	זָכוֹר אֶת־יוֹם הַשַּׁבָּת לְקַדְּשׁוֹ ׃	Ζαχὼρ ἐτ-ἰὼμ ἀσχαβ-βὰτ λεκαδδε-σχώ.
		Ο ΔΕ-

Ὁ ΔΕΚΑ´-λογος.	Die zehen Gebot.	DECEM Præcepta.
Α	I.	1.
ἘΝΤΟΛΗ´ ἡ πρώτη.	Das erste Gebot.	*PRIMUM Præceptum.*
Οὐκ ἔσονταί σοι θεοὶ ἕτεροι πλὴν ἐμοῦ.	Du solt nicht ander Götter haben neben mir.	Non habebis Deos alienos coram me.
Β	ij.	2.
ἘΝΤΟΛΗ´ ἡ δευτέρα.	Das ander Gebot.	*Secundum præceptum.*
Οὐ λήψῃ τὸ ὄνομα κυρίου τοῦ θεοῦ σου ἐπὶ ματαίῳ.	Du solt den Namen des Herrn deines Gotts nicht vnnützlich führen.	Non assumes nomen Domini DEI tui in vanum
Γ	iij.	3.
ἘΝΤΟΛΗ´ ἡ τρίτη.	Das dritte Gebot.	*Tertium præceptum.*
Μνήσθητι, τὴν ἡμέραν τῶν σαββάτων ἁγιάζειν αὐτήν.	Du solt den Feyertag heiligen.	Memento, vt diem Sabbathi Sanctifices.

4.	ד	Δ
Hammizvah Harefyth	הַמִּצְוָה הָרְבִיעִית׃	ΗΑΜΜΙΖΒΑ' ἄρεϐιΐτ.
Cabbed eth aficha, vceth immécha: lemáan jitaf lach, vlemáan jaarichun jamécha, al Háadamah.	כַּבֵּד אֶת־אָבִיךָ וְאֶת־אִמֶּךָ לְמַעַן יִיטַב לָךְ וּלְמַעַן יַאֲרִיכֻן יָמֶיךָ עַל־הָאֲדָמָה׃	Καϐϐὴδ ἐτ-ἀϐίχα υἐὲτ ἰμμέχα, λεμάαν ἰἰτ̓αϐ λὰχ ὐ-λεμάαν ἰαὰριχῶν ἰαμέχα ἀλ ἀάδαμά.
5.	ה	Ε
Hammizvah Hachamischith	הַמִּצְוָה הַחֲמִישִׁית׃	ΗΑΜΜΙΖΒΑ' ἀχαμισχίτ.
Lo Tirzach.	לֹא תִּרְצָח׃	Λὼ τιρζάχ.
6.	ו	Ϛ
Hammizvah Hasschisschith	הַמִּצְוָה הַשִּׁשִּׁית׃	ΗΑΜΜΙΖΒΑ' ἀσχισχίτ.
Lo Tinaph.	לֹא תִּנְאָף׃	Λὼ τινάφ.
7.	ז	Ζ
Hammizvah Hasschefyth	הַמִּצְוָה הַשְּׁבִיעִית׃	ΗΑΜΜΙΖΒΑ' ἀσχεϐιΐτ.
Lo Tignof	לֹא תִּגְנוֹב׃	Λὼ τιγνώβ.

Δ	iiij.	4.
ἘΝΤΟΛῊ ἡ τετάρτη.	Das vierde Gebot.	*Quartum præceptum.*
Τίμα τὸν πατέρα σου, καὶ τὴν μητέρα σου, ἵνα εὖ σοι γένηται, καὶ ἵνα μακροχρόνιος γένῃ ἐπὶ τῆς γῆς.	Du solt deinen Vater vñ deine Mutter ehren / auff das dirs wolgehe vnd lange lebest auff Erden.	Honora Patrem tuum, & Matrē tuam, vt benè sit tibi, & sis longæuus super terram.
Ε	v.	5.
ἘΝΤΟΛῊ ἡ πέμπτη.	Das fünffte Gebot.	*Quintum præceptum.*
Οὐ φονεύσεις.	Du solt nicht tödten.	Non occides.
ς.	vj.	6.
ἘΝΤΟΛῊ ἡ ἕκτη.	Das sechste Gebot.	*Sextum Præceptum*
Οὐ μοιχεύσεις.	Du solt nicht Ehebrechen	Nō mœchaberis.
Ζ.	vij.	7.
ἘΝΤΟΛῊ ἡ ἑβδόμη.	Das siebende Gebot.	*Septimū Præceptum.*
Οὐ κλέψεις.	Du solt nicht stelen.	Non furtum facies.

8	ח	H
Hammizvah Hasschemінith	הַמִּצְוָה הַשְּׁמִינִית׃	Ͱ AMMIZBAȣ ἀσχεμινίτ.
Lo Taaneh bereacha Ed Schåker.	לֹא־תַעֲנֶה בְרֵעֲךָ עֵד שָׁקֶר׃	Λῶ τάανε βερεάχὰ ἦδ σχάκερ.
9	ט	Θ
Hammizvah Hatteschyith	הַמִּצְוָה הַתְּשִׁיעִית׃	Ͱ AMMIZBAȣ ἀτ]εσχΐϊτ.
Lo Tachmod Beth Reecha	לֹא תַחְמֹד בֵּית רֵעֶךָ׃	Λῶ ταχμὼδ Βὴτ ῥηἔχα.
10	י	I
Hammizvah Haasirith	הַמִּצְוָה הָעֲשִׂירִית׃	Ͱ AMMIZBAȣ ἀάσιρίτ.
Lo Tachmod éscheth Reëcha, Veafdo vaamatho, vmiknéhu, vecol ascher lo.	לֹא־תַחְמֹד אֵשֶׁת רֵעֶךָ וְעַבְדּוֹ וַאֲמָתוֹ וּמִקְנֵהוּ וְכֹל אֲשֶׁר לוֹ׃	Λῶ ταχμὼδ ἦσχετ ῥηἔχα, ȣεάβδω ȣαάμαλῶ ȣμικνέȣ ȣεχὼλ ἀσχὲρ λῶ.

EN-

H	viij.	
ἘΝΤΟΛῊ ἡ ὀγδόη.	Das achte Gebot.	*Octauum praeceptum.*
Οὐ ψευδομαρτυρήσεις κατὰ τοῦ πλησίον σου μαρτυρίαν ψευδῆ.	Du solt nicht falsch gezeugnis reden wider deinen Nehesten.	Non loqueris cōtra proximum tuum falsum testimonium.
Θ	ix.	9
ἘΝΤΟΛῊ ἡ ἐννάτη.	Das Neunde Gebot.	*Nonum praeceptum.*
Οὐκ ἐπιθυμήσεις τὴν οἰκίαν τοῦ πλησίον σου.	Du solt nicht begeren deines Nehesten Haus.	Non concupisces domū proximi tui.
I	x.	10
ἘΝΤΟΛῊ ἡ δεκάτη.	Das zehende Gebot.	*Decimum praeceptum.*
Οὐκ ἐπιθυμήσεις τὴν γυναῖκα τοῦ πλησίον σου, οὐδὲ τὴν παῖδα, οὐδὲ τὴν παιδίσκην, οὐδὲ τὸ κτῆνος αὐτοῦ, οὐδὲ ὅσα αὐτοῦ ἐστι.	Du solt nicht begeren deines Nehesten Weib / Knecht / Magd / Vieh / oder alles was sein ist.	Non desiderabis vxorē proximi tui, non seruum, non ancillam non bouem, non asinum, nec omnia, quæ illi9 sūt.

EMVNATh Hānozerim.	אֱמוּנַת הַנּוֹצְרִים :	ꟷEMOYNA'T ἀννωζερίμ.
1	א	A
Hachélek Harischon, al Habberiah.	הַחֵלֶק הָרִאשׁוֹן עַל־הַבְּרִיאָה :	ҤAXH'ΛEK ἀρισχών. ἀλ ἀββεριά.
Heemāthi be El haaf, col jachol, osch Schamáim Vaárez.	הֶאֱמַנְתִּי בְּאֵל הָאָב כֹּל יָכוֹל עוֹשֵׂה שָׁמַיִם וָאָרֶץ :	Ҥ εέμάνϑι βεὴλ ἀάβ κὼλ ιαχὼλ, ὡσὴ σχαμαΐμ ουαὄρεζ.
2.	ב	B
HachélekHaschenі, al happeduth.	הַחֵלֶק הַשֵּׁנִי עַל־הַפְּדוּת :	ҤAXH'ΛEK ἀσχηνί. Aλ ἀππεδούτ.
Vbe jeschua Hammaschiach Beno jechido adonénu.	וּבְיֵשׁוּעַ הַמָּשִׁיחַ בְּנוֹ יְחִידוֹ אֲדוֹנֵנוּ :	Ὀυβὲ Ιησχουὰ ἀμμασχίαχ. Βενὼ ιεχιδὼ ἀδωνήνου.
Ascher hora meruach hakkódesch Nolad Mimmirjam Haalmah	אֲשֶׁר הוֹרָה מֵרוּחַ הַקֹּדֶשׁ נוֹלַד מִמִּרְיָם הָעַלְמָה :	Ἀσχὲρ ὡρά μηρουαχ ἀκκῶδεσχ, νωλὰδ μιμμιριὰμ ἀάλμά.

ΣΥΜΒΟΛΟΝ τὸ ἀποστολικόν.	Der Glaube.	SYMBOlum Apoſtolicū.
Α	I.	I.
ΜΕΡΟΣ πρῶτον, περὶ τῆς κτίσεως.	Der Erſte Artickel/ von der Schöpffung.	*Articulus primus, de Creatione.*
Πιστεύω εἰς θεὸν πατέρα, παντοκράτορα, ποιητὴν οὐρανοῦ καὶ γῆς.	Jch glaube an Gott den Vater/ Allmechtigen Schöpffer Himmels vnd der Erden.	Credo in Deum Patrem, omnipotentem Creatorem Cæli & terræ.
Β	ij.	2.
ΜΕΡΟΣ τὸ δεύτερον, περὶ τῆς ἀπολυτρόσεως.	Der Ander Artickel/ von der Erlöſung.	*ARTICVlus Secundus, de Redemptione;*
Καὶ εἰς Ἰησοῦν χριστὸν υἱὸν αὐτοῦ μονογενῆ, κύριον ἡμῶν. Συλληφθέντα ἐκ πνεύματος ἁγίου, τεχθέντα ἐκ Μαρίας τῆς παρθένου.	Vnd an Jeſum Chriſtum ſeinen einigē Sohn vnſern HERRen/ der entpfangen iſt von dem heiligē geiſte/ geboren vō der Jungfraw Maria.	Et in Ieſum Chriſtum filium eius vnicum, Dominū, noſtrum Qui cōceptus eſt de Spiritu ſancto, natus ex Maria virgine.

Safal táchat Pontius Pilatus, Nizlaf Meth, Venikbar.	סבל תחת פונטיוס פילטוס נצלב מות ונקבר :	Σαϐὰλ τάχαλ Πονἰιὲς Πιλατὲς, νιζλὰβ μὴτ ϐενιχϐάρ.
VejaradSchcólah.	ירד שאולה :	ϐειαρὰδ σχεώλα.
Vbcjom hasschelischi Kā mimmethim.	וביום השלישי קם ממתים :	ϐβειὼμ ἀσσχελισχὶ κὰμ μιμμηθίμ.
Vealah schamáimah joschef limin el Abif col juchal.	ועלה שמימה יושב לימין אל אביו כל יוכל :	ϐεάλὰ σχαμαῖμάιωσχὴϐ λίμὶν ἠλ ἀϐιϐ κὰλ ιϐχάλ.
Vmisscham jaschuf jabo lischpotheth hachajm veeth hammethim.	ומשם ישוב יבוא לשפוט את החיים ואת המתים :	ϐμιοσχὰμ ιασχὲβ ιαβὼ λισχπὼθ ἐτάχαϊὶμ ϐεἐτάμμηθίμ.

Πα-

Παθόντα ἐπὶ Ποντίου Πιλάτου σταυρωθέντα, θανόντα καὶ ταφέντα.	Gelidden vnter Pontio Pilato / gecreutziget / gestorben/vnd begraben.	Passus sub Pontio Pilato, crucifixus, mortuus, & sepultus.
Κατελθόντα εἰς ᾅδου.	Nidergefahren zur Hellen.	Descendit ad inferna.
Τῇ τρίτῃ ἡμέρᾳ ἀναστάντα ἐκ νεκρῶν.	Am dritten Tage aufferstanden von den Todten.	Tertia die resurrexit à mortuis.
Ἀνελθόντα εἰς οὐρανοὺς, καθεζόμενον ἐν δεξιᾷ τοῦ πατρὸς παντοκράτορος.	Auffgefahren gen Himel/sitzend zu der rechten GOttes des allmechtigen Vaters.	Et ascendit ad cœlos, sedet ad dexteram DEI Patris omnipotentis.
Ὅθεν μέλλει ἔρχεσθαι κρῖναι ζῶντας καὶ νεκρούς.	Von dannen er kommen wird/ zu richten die Lebendigen vnd die Todten.	Inde venturus est, judicare viuos & mortuos.

3.	ג	Γ.
HACHElek hasschelischi al hakkódesch.	הַחֵלֶק הַשְּׁלִישִׁי עַל הַקֹּדֶשׁ :	ΗΑΧΗΛΕΚ ἀσχελισχί, ἀλ ἀκκῶδεσχ.
Heemánthi berúach hakkódesch.	הֶאֱמַנְתִּי בְּרוּחַ הַקֹּדֶשׁ :	ἑεμάνϑι βερῦαχ ἀκκῶδεσχ.
Et kenéscheth hakkedoschach mikkol haammim.	אֶת־כְּנֶשֶׁת הַקְּדוֹשָׁה מִכָּל הָעַמִּים :	ἔτ κενέσχεϑ ἀκκεδωσχὰ μικκῶλ ἀάμμίμ.
Hithchabberuth hakkedoschim, selichath chachaim	הִתְחַבְּרוּת הַקְּדוֹשִׁים סְלִיחַת חֲטָאִים :	ἱτχαββερὺτ ἀκκεδωσχίμ, σελιχὰτ χαϑαΐμ.
Eth tekumath habbasar, veeth chaije leolam. AMEN.	אֶת־תְּקוּמַת הַבָּשָׂר וְאֶת־חַיֵּי לְעוֹלָם אָמֵן :	ἔτ τεκυμὰϑ ἀββασὰρ, κεεϑ χαιίει λεώλάμ. ἈΜΗΝ.

ΜΕΡΟΣ τρίτον, περὶ τοῦ ἁγιασμοῦ.	Der Dritte Artickel von der Heiligung.	*ARTICVLus tertius, de sanctificatione.*
Πιστεύω εἰς πνεῦμα ἅγιον.	Ich glaube an den heiligen Geist/	Credo in Spiritum sanctum.
Ἁγίαν ἐκκλησίαν καθολικήν.	Eine heilige Christliche Kirche.	Sanctam Ecclesiam catholicam.
Ἁγίων κοινωνίαν, ἄφεσιν ἁμαρτιῶν.	Die gemeine der Heiligen / vergebung der Sünden.	Sanctorum communionem, Remissionem peccatorum.
Σαρκὸς ἀνάστασιν, καὶ ζωὴν αἰώνιον. ἈΜΗΝ.	Aufferstehung des Fleisches/ vnd ein ewiges Leben/ Amen.	Carnis resurrectionē, & vitam æternam, AMEN.

TEPHILLat hāmaſchiach	תפלת המשיח :	ΤΕΦΙΛΛᾺΤ ἀμμασχῖαχ.
Abinu ſcheb baſſchamáim	אבינו שבשמים :	Ἀϐίνȣ σχεϐϐασχαμαίμ.
Iikkadeſch ſchemécha.	יקדש שמך :	Ιικκαδέσχ σχεμέχα.
Tafo malcutécha.	תבוא מלכותך :	Ταβῶ μαλκȣλέχα.
Iehi rezōnecha caaſcher baſſchamáim vecken baárez	יהי־רצונך כאשר בשמים וכן בארץ :	Ιεὶ ρεζώνεχὰ καάσχερ ϐασσχαμαίμ ȣεκὴν ϐάᾶρεζ.
Lachménu defar jom beiomo, ten lánu hajjom.	לחמנו דבר יום ביומו תן לנו היום :	Λαχμένȣ δεβὰρ ιὼμ βειωμῶ. τὴν λάνȣ ἀϊϊὼμ.
Vſelách lánu eth chofoténu, caaſcher ſalachnu lebaale chofotenu. Veal teſſiénu leniſſaion.	וסלח לנו את־חובותינו כאשר סלחנו לבעלי חובותינו : ואל־תביאנו לנסיון :	ȣσελὰχ λάνȣ ἔτ χωβωλένȣ καάσχὲρ σαλάχνȣ λεϐαάλεὶ χωϐωλήνȣ. ȣεὰλ-τεβιένȣ λὲνισσαΐών.
Ki im hazzilénu mera.	כי־אם הצילנו מרע :	κὶ ἶμ ἀζζιλένȣ μηρά.
AMEN.	אמן :	ἈΜΗΝ.

ET-

ΕΥΧΗ κυριακή.

Πάτερ ἡμῶν ὁ ἐν τοῖς οὐρανοῖς

Ἁγιασθήτω τὸ ὄνομά σου.

Ἐλθέτω ἡ βασιλεία σου.

Γενηθήτω τὸ θέλημά σου, ὡς ἐν οὐρανῷ, καὶ ἐπὶ τῆς γῆς.

Τὸν ἄρτον ἡμῶν τὸν ἐπιούσιον δὸς ἡμῖν σήμερον.

Καὶ ἄφες ἡμῖν τὰ ὀφειλήματα ἡμῶν, ὡς καὶ ἡμεῖς ἀφίεμεν τοῖς ὀφειλέταις ἡμῶν.

Καὶ μὴ εἰσενέγκῃς ἡμᾶς εἰς πειρασμόν. Ἀλλὰ ῥῦσαι ἡμᾶς ἀπὸ τοῦ πονηροῦ, ΑΜΗΝ.

Das Vater vnser.

Vater vnser der du bist im Himel.

Geheiliget werde dein Name.

Dein Reich komme.

Dein wille geschehe/ wie im Hi̅mel/ also auch auff Erden.

Vnser täglich Brot gieb vns heute.

Vnd verlaß vns vnser schülde / als wir verlassen vnsern schüldigern.

Vnd führ vns nicht in versuchung / Sondern erlöß vns von dem vbel/ Amen.

E

ORATIO Dominica.

Pater noster qui es in cœlis.

Sanctificetur nomen tuũ.

Adueniat regnum tuum.

Fiat voluntas tua, sicut in cœlo & in terra.

Panem nostrum quotidianum da nobis hodie

Et remitte nobis debita nostra, sicut & nos remittimus debitoribus nostris.

Et ne inducas nos in tẽtationẽ, sed libera nos à malo, Amen.

BE-

BERITH teßilath hak-kódesch.	בְּרִית טְבִילַת הַקֹּדֶשׁ ׃	ΒΕΡΙ῍Τ τεϐιλὰτ ἀκ-κῶδεσχ.
1	א	Α
Lechu ve-lāmedu col-haggoijm, ve thabbelu o-tham, beschē haaf, vehab-ben, veharu-ach hakkó-desch..	לְכוּ וְלַמְּדוּ כָּל־הַגּוֹיִם וְטַבְּלוּ אוֹתָם בְּשֵׁם הָאָב וְהַבֵּן וְהָרוּחַ הַקֹּדֶשׁ ׃	Λεχȣ̀ ȣε-λαμμεδȣ̀ κολ ἀγγωιὶμ, ȣε-θαββελȣ̀ ὠ-τὰμ βεσχὴμ ἀᾶβ ȣεϕϐϐὴν ȣεάρȣ̃αχ ἀκ-κῶδεσχ.
2.	ב	Β
Col ascher heemin, ve-jittafel, jiffa-schéah, va-ascher eno maamin jis-schaphet, da-mo bero-scho.	כָּל־אֲשֶׁר הֶאֱמִין וְיִטָּבֵל יִוָּשֵׁעַ וַאֲשֶׁר אֵינוֹ מַאֲמִין יִשָּׁפֵט דָּמוֹ בְּרֹאשׁוֹ ׃	Κὸλ ἀσχὲρ ἑὲμὶν ȣειἰθθα-ϐὴλ ιιββα-σχήά, ȣαά-σχὲρ ἀινὼ μα-άμὶν, ιιοσχα-φὴθ, δαμὼ βερωσχώ.

ΤΟ ΤΟΥ ΒΑπτίσματος τοῦ ἁγίου μυστήριον.

Α

Πορευθέντες μαθητεύσατε πάντα τὰ ἔθνη, βαπτίζοντες αὐτοὺς εἰς τὸ ὄνομα τοῦ Πατρὸς, καὶ τοῦ υἱοῦ, καὶ τοῦ ἁγίου πνεύματος.

Β

Ὁ πιστεύσας καὶ βαπτισθεὶς σωθήσεται, ὁ δὲ ἀπιστήσας κατακριθήσεται.

Das Sacrament der heiligen Tauffe.

I.

Gehet hin/ Lehret alle Heiden/ vnd teuffet sie/ im namen des Vaters/ vnd des Sohns/ vnd des heiligen Geistes.

ij.

Wer da gleubet vnd getaufft wird/ der wird selig/ wer aber nicht gleubet/ der wird verdammet.

SACRAmentum sancti Baptismi.

1

Euntes docete omnes gentes, baptizantes eos in nomine Patris, & Filij, & Spiritus sancti.

2

Qui crediderit & baptizatus fuerit, saluus erit: Qui vero non crediderit, condemnabitur.

BERITH hammizbéach.

I

Adonénu jeschûah hāmaschiach balláilah ha hu asche nimsar, lakach eth hal léchem vaifárech vaifazzah vaijitten lethalmidáif lemor, kechu vecchólu, zoth jesch guphi ascher alechem nittan, Zoth asu lezichroni.

ברית המזבח :

א

אדוננו ישוע
המשיח בלילה
ההוא אשר נמסר
לקח . את־הלחם
ויברך ויבצע ויתן
לתלמידיו לאמר
קחו ואכלו זאת יש
גופי אשר עליכם
נתן זאת עשו
לזכרוני :

ΒΕΡΙΤ
ἀμμιζὄηαχ.

Α

Ἀδωνήνου ἰησχουὰ ἀμμασχῖαχ βαλλαΐλὰ ἀου ἀσχὲρ νιμσαρ λακὰχ ετ-ἀλλέχεμ ουαὶ βᾶρεχ, ουαὶ-βαζζα, ουαιιτῆν λετολμιδαίου λήμωρ, κεχου ουεέχώλου, ζὼτ ιἐσχ γουφ ἰ ἀσχὲρ ἀληχὲμ νιτῆαν, ζὼτ ἀσου λεζιχρωνί.

ΔΕΙΠ-

ΔΕΙΠΝΟΥ τοῦ κυριακοῦ μυστήριον.

A

Ὁ κύριος ἡμῶν ΙΗΣΟΥΣ ΧΡΙΣΤΟΣ ἐν τῇ νυκτὶ ᾗ παρεδίδοτο, ἔλαβεν ἄρτον καὶ εὐχαριστήσας ἔκλασε καὶ ἔδωκε τοῖς μαθηταῖς αὐτοῦ λέγων: λάβετε, φάγετε, τοῦτό ἐστι τὸ σῶμά μου, τὸ ὑπὲρ ὑμῶν διδόμενον, τοῦτο ποιεῖτε, εἰς τὴν ἐμὴν ἀνάμνησιν.

Das Sacrament des Altars.

I.

Vnser HErr Jesus Christus / in der Nacht da er verrathen wardt / Nam er das Brot / dancket vnd brachs / vnd gabs seinen Jüngern / vnd sprach / Nemet hin vnd Esset / Das ist mein Leib / der für euch gegeben wird / solchs thuet / zu meinem gedechtniß.

SACRAmentum Altaris.

I.

Dominus noster IESVS CHRIstus in ea nocte qua traditus est, accepit panem. & postquam gratias egisset, fregit & dedit discipulis suis dicens: Accipite, comedite, hoc est Corpus meum, quod pro vobis datur, hoc facite in mei commemorationem.

2. ב B

Vechen achare ochlam lakach eth hakkos vaifárech vai jitten lahem lemor, kechu vſchetù mim ménnu cullechem: zeh hakkos jeſch berith chadaſchah bedami aſcher alechē niſchpach lekippur avonim, zoth aſu lezichroni, cā mah peamim tiſchtutu.

וְכֵן אַחֲרֵי אָכְלָם
לָקַח אֶת־הַכּוֹס
וַיְבָרֵךְ וַיִּתֵּן לָהֶם
לֵאמֹר קְחוּ וּשְׁתוּ
מִמֶּנּוּ כֻּלְּכֶם ׃ זֶה
הַכּוֹס יֵשׁ בְּרִית
חֲדָשָׁה בְּדָמִי אֲשֶׁר
עֲלֵיכֶם נִשְׁפָּךְ לְכַפֵּר
עֲוֹנִים זֹאת עֲשׂוּ
לְזִכְרוֹנִי כַּמָּה פְּעָמִים
תִּשְׁתּוּהוּ ׃

ȣεχὴν ἀχαρὴ ὀχλὰμ λακὰχ ἐτ ἀκκώς ȣαϊβάρεχ, ȣαϊίτ]ὴν λαὴμ· λὴμὼρ κεχȣ ȣσχετȣ μιμμένν ȣκυλλεχέμ: ζὲ ἀκκὼς ἰέσχ βερὶτ χαδασχὰ βεδαμὶ ἀσχὲρ ἀληχὲμ νισχπὰχ λεκιππȣρ, ἀυωνίμ, ζὼτ ἀσȣ λεζιχρωνὶ καμμὰ πεάμὶμ τισχτȣȣ.

ΔΕΙΠΝΟΥ τοῦ κυριακοῦ μυστήριον.

B

Ὡσαύτως καὶ λαβὼν τὸ ποτήριον μετὰ τὸ δειπνῆσαι, εὐχαριστήσας, ἔδωκεν αὐτοῖς λέγων· λάβετε πίετε ἐξ αὐτοῦ πάντες· τοῦτο τὸ ποτήριον ἡ καινὴ διαθήκη ἐστὶν ἐν τῷ ἐμῷ αἵματι τὸ ὑπὲρ ὑμῶν ἐκχυνόμενον εἰς ἄφεσιν ἁμαρτιῶν· τοῦτο ποιεῖτε, ὁσάκις ἂν πίνητε, εἰς τὴν ἐμὴν ἀνάμνησιν.

Das Sacrament des Altars.

ij.

Desselben gleichen nam er auch den Kelch/ nach dem Abendmahl/ dancket und gab jhn den und sprach/ Nemet hin und trincket alle darauß/ dieser Kelch ist das newe Testament in meinem Blut/ das für euch vergossen wird/ zur vergebung der Sünden/ Solchs thuet/ so offt jhrs trincket/ zu meinem gedechtniß.

SACRAMENTUM Altaris.

2.

Similiter & postquam cœnauit, accepto calice, cum gratias egisset, dedit illis dicens: Accipite, bibite ex hoc omnes, Hic calix nouum Testamentū est in meo sanguine, qui pro vobis effunditur, in remissionem peccatorum. Hoc facite, quotiescunque biberitis in mei commemorationem.

TE-

TEPHillath habbóker.	תְּפִלַּת הַבֹּקֶר ׃	ΤΕΦΙΛΛΑΘ ἀϐϐώκερ.
Beschem haaf, vehabben, vehaiûach hakkódesch, Amen	בְּשֵׁם הָאָב וְהַבֵּן וְהָרוּחַ הַקֹּדֶשׁ אָמֵן ׃	Βεσχὴμ ἀάβ ϐεάϐϐὴν ϐεάρȣ̃αχ ἀκκῶδεσχ. ΑΜΗΝ.
Odch leschaafi ascher basschamáim kisécha, bejeschúa hammaschíach bincha, jedidécha, ki ballailah hazzeh minnézek vmiccolra schemartáni, vmithpallel anochi eléchaascher tischmeréni gam beiom hazzeh meavonoth	אוֹדֶה לְּךָ אָבִי אֲשֶׁר בַּשָּׁמַיִם כִּסְאֶךָ בְּיֵשׁוּעַ הַמָּשִׁיחַ בִּנְךָ יְדִידֶךָ כִּי בַּלַּיְלָה הַזֶּה מִנֶּזֶק וּמִכָּל־ רַע שְׁמַרְתָּנִי ׃ וּמִתְפַּלֵּל אָנֹכִי אֵלֶיךָ אֲשֶׁר תִּשְׁמְרֵנִי גַּם בַּיּוֹם הַזֶּה מֵעֲוֹנוֹת	Ωδὲ λεχὰ ἀβὶ ἀσχὲρ Βασχαμαίμ κισέχα, Βεϊησχȣ̃ὰ ἀμμασχῖαχ, ϐιν-χὰ ιεδιδέχα, κὶ Βαλλαίλα ἀζζὲ μιννέζεκ ὑμικκολ--ρὰ σχεμαρθάνι : ὑμιτπαλλὴλ ἀνωχὶ ἠλέχα ἀσχὲρ τισχμερήνι γὰμ Βειὼμ ἀζζὲ μηάυωνὼτ

ΕΥΑΟ-

ΕΥΛΟΓΙΑ τῷ πρωΐ.

Εν τῷ ὀνόματι τοῦ πατρὸς, καὶ τοῦ υἱοῦ, καὶ τοῦ ἁγίου πνεύματος, Αμήν.

Ευχαριστῶ σοι, πάτερ οὐράνιε διὰ τοῦ ἰησοῦ χριστοῦ τοῦ υἱοῦ σου ἀγαπητοῦ, ὅτι ἐμὲ τὴν νύκτα τὴν δε ἀπὸ πάντων δηλημάτων καὶ κινδύνων διέσωσας, καὶ δέομαί σου ἵνα ἐμὲ καὶ ταύτην τὴν ἡμέραν διατηρῇς ἀπὸ τῆς ἁμαρτίας καὶ πάντων

Der Morgen Segen.

Das walt Gott Vater/Sohn/vnd Heiliger Geist/ AMEN.

Ich dancke dir mein himlischer Vater/durch JESUM CHRISTUM deinen lieben Sohn/das du mich diese Nacht für allem schaden vnnd fahr behütet hast/vnd bitte dich/du wollest mich diesen Tag auch behüten für Sünden vnnd allem

F

BENEDIctio matutina.

In nomine Patris, & Filij, & Spiritus sancti Amen.

Gratias ago tibi mi pater cœlestis, per IESVM CHRIstum filium tuum dilectũ, quod me hac nocte ab omnibus incommodis ac periculis conseruasti: Oro te, vt velis me hac die quoque conseruare à peccato & omnibus

vmi-

vmiccol Ra
lihioth lecha
lérazon col
maasai vel
col chaijaj.
Ki maphkid
anochi othi
veguphi ve-
napchschi ve
chol ascher
li beiadécha
Hammalach
Kodschécha
iehi imma-
di phen jim-
zaéni hassa-
tan vejim-
schol bj.

ומכל־רע להוות
לך לרצון כל־
מעשי וכל־חיי :
כי מפקיד אנכי
אותי וגופי ונפשי
וכל־אשר לי בידך
המלאך קדשך יהי
עמדי פן ימצאני
השטן וימשול בי
אמן :

ὑμικκὼλ ῥὰ
λιιῶθ λεχὰ
λεραζὼν χολ-
μαάσαὶ ϐε-
χολ-χαιϊαὶ. κὶ
μαφκὶδ ἀνω-
χὶ ὠτὶ ϐεγϐφὶ
ϐεναφσχὶ ϐε-
χολ-ἀσχὲρ λὶ
βεϊαδέχα.
ἀμμαλᾶχ
κοδσχέχα ιεὶ
ἱμμαδὶ φὲν
ιιμζαήνι ἀσσα
θὰν ϐεϊιμ-
σχὼλ βὶ.

κακῶν,

κακῶν, ὥστε σοι
πᾶν τὸ ἐμὸν
πρᾶγμά τε καὶ
βίον εὐάρεστον
γένεσθαι. Ἐγὼ
γὰρ ἐμὲ τὸ σῶ-
μά μου, καὶ τὴν
ψυχὴν, καὶ πάν-
τα εἰς χεῖράς
σου ἐπιτρέπω,
ὁ ἅγιός σου ἄγ-
γελος μετ' ἐ-
μοῦ ἔστω. ὅπως
ὁ σατανᾶς μη-
δεμίαν ἐν
ἐμοὶ δύναμιν
εὑρίσκῃ, ἀμήν.

vbel / das dir alle mein
thun vnd Leben gefalle/
Denn ich befehle mich/
mein Leib vnd Seel/ vnd
alles in deine Hende/
dein Heiliger Engel sey
mit mir / das der böse
Feindt keine macht an
mir finde/ Amen.

malis, vt tibi
omnia mea
facta, atque
adeo tota vi-
ta benepla-
ceant. Quia
ego me me-
umq; corpus
& animam,
ac omnia in
manus tuas
committo:
Tuus sanctus
Angelus sit
mecum, ne
Diabolus vl-
lum jus in
me reperiat,
Amen.

TEPHillath heáref.

Beschem haaf vehabben, veharûach hakkódesch, Amē.

Odeh lecha afi ascherbasschamáim bejeschûah hammaschîach bincha ahuf écha ki schemartáni baijom hazzeh bechasdécha vemithpallel ani eléchā ascher tissa lechol peschaai ascher chathâthi lach, vethischmeréni bazzeh halláilah berachamécha.

תְּפִלַּת הָעֶרֶב ׃

בְּשֵׁם הָאָב וְהַבֵּן
וְהָרוּחַ הַקֹּדֶשׁ אָמֵן ׃

אוֹדֶה לְּךָ אָבִי
אֲשֶׁר בַּשָּׁמַיִם בְּיֵשׁוּעַ
הַמָּשִׁיחַ בִּנְךָ אֲהוּבֶךָ
כִּי שְׁמַרְתַּנִי בַּיּוֹם
הַזֶּה בְּחַסְדֶּךָ ׃
וּמִתְפַּלֵּל אֲנִי אֵלֶיךָ
אֲשֶׁר תִּשָּׂא לְכָל־
פְּשָׁעַי אֲשֶׁר חָטָאתִי
לָךְ וְתִשְׁמְרֵנִי בַּזֶּה
הַלַּיְלָה בְּרַחֲמֶיךָ ׃

ΤΕΦΙΛΛΑΘ ἠάρεβ.

Βεσχὴμ ἀὰβ κεάϐϐὴν κεάρȣ̃αχ ἀκκῶδεσχ Αμην.

Ὀδὲ λεχὰ ἀϐὶ ἀσχὲρ ϐασχαμαΐμ βεϊησχȣ̃α ἀμμασχῖαχ ϐινχὰ ἀȣ̀βέχα κὶ σχεμαρ]άνι βαΐωμ ἀζζὲ, βεχασδέχα. ȣ̀μιθπαλλὴλ ἀνὶ ἐλέχα ἀσχὲρ τισσὰ λεχολ-πεσχααὶ ἀσχὲρ χαθάθι λάχ κεθισχμερήνι βαζζὲ ἀλλαΐλα βεραχαμέχα.

Ευλα-

Εὐλογία ἑσπέρας.

Ἐν τῷ ὀνόματι τοῦ πατρὸς, καὶ τοῦ υἱοῦ, καὶ τοῦ ἁγίου πνεύματος, Ἀμήν.

Εὐχαριστῶ σοι ὦ πάτερ οὐράνιε, διὰ τοῦ Ἰησοῦ Χριστοῦ τοῦ υἱοῦ σου ἀγαπητοῦ, ὅτι ἐμὲ τὴν ἡμέραν τήνδε εὐμενῶς διέσωσας; καὶ δέομαί σου, ἵνα ἐμοὶ πάσας τὰς ἁμαρτίας ἐμοῦ, ὁπουδήποτε ἠδίκησα, ἀφιῇς, καὶ ἐμὲ ταύτην τὴν νύκτα εὐμενῶς διασώζῃς.

Der Abend Segen.

Das walt GOTT Vater / Sohn / vnd Heiliger Geist / Amen.

Ich dancke dir mein himlischer Vater / durch JEsum CHristum deinen lieben Sohn / das du mich diesen Tag gnediglich behütet hast / vnd bitte dich / du wollest mir vergeben alle meine Sünde / wo ich vnrecht gethan habe / vnd mich diese Nacht gnediglich behüten /

Precatio vespertina.

In nomine patris, & Filij, & Spiritus Sancti, AMEN.

Gratias ago tibi mi pater cœlestis, per IESVM Christum filium tuum dilectum, quod me hac die gratuita misericordia custodisti: Oro te vt velis mihi condonare omnia peccata me, quæ iniustè perpetraui, velisque me hac nocte tua gratia benignè conseruare.

Ki beiadecha aphkid othi veguphi ve-naphschi vechol ascher li. Malacha-cha hakkadosch jehi immadi phē jimzaéni has-sathan vejimschol bi.

כִּי בְיָדְךָ אַפְקִיד
אוֹתִי וְגוּפִי וְנַפְשִׁי
וְכָל־־אֲשֶׁר לִי׃
מַלְאָכְךָ הַקָּדוֹשׁ יְהִי
עִמָּדִי פֶּן יִמְצָאֵנִי
הַשָּׂטָן וְיִמְשׁוֹל בִּי׃

κὶ βεϊαδέχα. ἀφκὶδ ὤθὶ ȣε-γȣφὶ ȣεναφ-σχὶ ȣε-χολ ἀ-σχὲρ λί. μαλ-ἀχαχὰ ἀκ-καδῶσχ ιεὶ ἰμμαδὶ φὲν ιιμζαήνι ἀσ-σαθὰν ȣεὶιμ-σχὼλ βί.

ἐγὼ

Ἐγὼ γὰρ ἐμὲ καὶ τὸ σῶμά μου, καὶ τὴν ψυχήν, καὶ τὰ πάντα εἰς χεῖράς σου ἐγχειρίζω. ὁ ἅγιός σου ἄγγελος σὺν ἐμοὶ ἔστω, ὅπως ὁ σαθανᾶς μηδεμίαν εἰς ἐμὲ δύναμιν εὑρίσκῃ, Ἀμήν.

Denn ich befehle mich / mein Leib vnnd Seele / vnd alles was ich hab in deine Hende / dein Heiliger Engel sey mit mir / das der böse Feind keine macht an mir finde / Amen.

Quia ego me meumq; corpus & animam, ac omnia in manus tuas committo. Tuus sanctus Angelus sit mecum, ne Diabolus vllum jus in me reperiat, Amen.

The-

THEPHillah liphne hammiſchteh.

תְּפִלָּה לִפְנֵי הַמִּשְׁתֶּה׃

ΤΕΦΙΛΛΑ λιφνὴ ἀμμισχτὶ.

Ene chol jeſabberu elécha jehovah, veattah noten lahem eth ochlam beitto. Poteach eth jadécha vmaſbiah lechol chái razon.

עֵינֵי כֹל יְשַׂבֵּרוּ אֵלֶיךָ יְהוָה וְאַתָּה נוֹתֵן לָהֶם אֶת־אָכְלָם בְּעִתּוֹ׃ פּוֹתֵחַ אֶת־יָדֶךָ וּמַשְׂבִּיעַ לְכָל־חַי רָצוֹן׃

Ἠνὴ χὼλ ιεσαββερού ἠλέχα ιεώυὰ, ουεάττα νωτὴν λαὴμ ἐτ-ὀχλὰμ βειττῶ. Πωτῆαχ ἐτιαδέχα ουμασβῖα λεχολχαὶ ραζών.

Adonai jehovih aſi ſchamaim barech othánu vmattenothécha haélleh aſcher nikkach mitthuſatécha, lemáan adonénu jeſchúah hammaſchíach, Amen.

אֲדֹנָי יֱהוִה אֲבִי שָׁמַיִם בָּרֵךְ אוֹתָנוּ וּמַתְּנוֹתֶיךָ הָאֵלֶּה אֲשֶׁר נִקַּח מִטּוּבָתֶךָ לְמַעַן אֲדוֹנֵנוּ יֵשׁוּעַ הַמָּשִׁיחַ אָמֵן׃

Αδωναῒ ιεώυὶ ἀβὶ σχαμαιίμ βαρὴχ ωτάνου ουματτενωτέχαν ἀηλλέ ἀσχὲρ νικκὰχ μηττουβαττέχα λεμάάν ἀδωνήνου ιησχοῦὰ ἀμμασχῖαχ, Αμην.

Eu-

Εὐλογία τῆς τραπέζης.

Οἱ ὀφθαλμοὶ πάντων εἰς σε ἐλπίζουσι κύριε, καὶ σὺ δίδως τὴν τροφὴν αὐτῶν ἐν εὐκαιρίᾳ. ἀνοίγεις τὴν χεῖρά σου καὶ ἐμπιπλᾶς πᾶν ζῶον εὐδοκίας.

Κύριε ὁ θεός, πάτερ οὐράνιε, εὐλόγησον ἡμᾶς καὶ τὰς δωρεὰς ἃς ἀπὸ τῆς δαψιλείας σου λήψομεν, διὰ τοῦ ἰησοῦ χριστοῦ, τοῦ κυρίου ἡμῶν ΑΜΗΝ.

Das Benedicite vor Tische.

Aller Augen warten auff dich HErre / vnd du giebst jhnen jhre speise zu seiner zeit: du thust deine milde Hand auff / vnd settigest alles was da lebet / mit wolgefallen.

HErr GOtt Himlischer Vater / segene vns vnd diese deine Gaben / die wir von deiner milden Güte zu vns nemmen / durch JEsum Christum vnsern HErrn / Amen.

Benedictio mensæ.

Oculi omnium in te sperant Domine, & tu das escam illorũ in tempore opportuno: Aperis tu manũ tuã, & imples omne animal benedictione.

Domine DEVS pater cœlestis, benedic nobis & his donis, quæ de tua largitate sumimus, per Iesum Christum Dominũ nostrum, AMEN.

Todah achare hāmiſchteh.	תּוֹדָה אַחֲרֵי הַמִּשְׁתֶּה׃	Τωδὰ ἀχαρὴ ἀμμισχτὶ.
I	א	A
Hodu lajhovah, Ki Thof, Ki leolam chaſdo. Noten léchem lechol baſar, noten liſhemah lachmah, liſne oref áſcher jikrán. Lo bigfurath haſſus jechpaz, lo beſchoke haiſch jirzeh. Rozeh jehovah eth jereaif, & hamejachalim lechasdo.	הוֹדוּ לַיהוָה כִּי טוֹב כִּי לְעוֹלָם חַסְדּוֹ׃ נוֹתֵן לֶחֶם לְכָל־בָּשָׂר נוֹתֵן לִבְהֵמָה לַחְמָהּ לִבְנֵי עֹרֵב אֲשֶׁר יִקְרָאוּ׃ לֹא בִגְבוּרַת הַסּוּס יֶחְפָּץ לֹא בְשׁוֹקֵי הָאִישׁ יִרְצֶה׃ רוֹצֶה יְהוָה אֶת־יְרֵאָיו אֶת־הַמְיַחֲלִים לְחַסְדּוֹ׃	Ω'δοῦ λαϊωυὰ κὶ θῶϐ κὶ λεὼλὰμ χασδώ. Νωθὴν λέχεμ λεχολβασὰρ νωθὴν λιϐημὰ λαχμὰ, λιϐνὴ ὠρὴϐ ἀσχὲρ ιικραῦ. Λὼ βιγϐουρὰζ ἀσσοῦς ιεχπὰζ λὼ ϐεσχὼκῆ αἴσχ ιιρζὲ. Ρωζὲ ιεωυὰ ἐτ-ιερηαὶϐ, ἐτ-ἀμειχαλὶμ λεχασδώ.

Εχυα-

Ευχαριστία τῆς τραπέζης.

Α

Ἐξομολογεῖσθε τῷ κυρίῳ, ὅτι ἀγαθὸς, ὅτι εἰς τὸν αἰῶνα τὸ ἔλεος αὐτοῦ. Ὁ διδοὺς τὴν τροφὴν πάσῃ σαρκὶ, καὶ τοῖς κτήνεσι τροφὴν αὐτῶν, καὶ τοῖς νεόσσοις τῶν κοράκων τοῖς ἐπικαλουμένοις αὐτόν. οὐκ ἐν τῇ δυναστείᾳ τοῦ ἵππου θελήσει, οὐδὲ ἐν ταῖς κνήμαις τοῦ ἀνδρὸς εὐδοκεῖ. Εὐδοκεῖ κύριος ἐν τοῖς βεβουμένοις αὐτὸν, καὶ ἐν τοῖς ἐλπίζουσιν ἐπὶ τὸ ἔλεος αὐτοῦ.

Das Gratias nach Tisch.

I.

Dancket dem HErrn/ denn er ist freundlich/ vnd seine Güte wehret ewiglich/ der allem Fleische speise giebt/ der dem Viehe sein futter giebt/ den jungen Raben/ die jhn anruffen/ Er hat nicht lust an der stercke des Rosses/ noch gefallen an jemands beinen/ Der HERR hat gefallen an denen die jhn fürchten/ vnnd auff seine Güte warten.

Gratiarum actio post cibum sumptum.

I.

Confitemini Domino quoniam bonus, quoniã in secula misericordia eius. Qui dat escam omni carni, qui dat iumentis escam ipsorum & pullis corvorum invocantibus eũ. Non in fortitudine equi voluntatẽ habebit; neq; in tibijs viri beneplacitũ erit ei. Beneplacitũ est Domino super timentes eũ, & in eis qui sperãt super misericordia eius

TODA achare hammischteh.

2.

Nodeh lecha jehovah Elohim afinu, bejeschûah hammaschiach adonénu, al colthufothécha; ascher tihie vethimloch leolam vaed. AMEN.

תּוֹדָה אַחֲרֵי הַמִּשְׁתֶּה ׃

ב

נוֹדֶה לְךָ יְהוָה אֱלֹהִים אָבִינוּ בִּישׁוּעַ הַמָּשִׁיחַ אֲדוֹנֵנוּ עַל־כָּל־טוּבוֹתֶיךָ אֲשֶׁר תִּחְיֶה וְתִמְלוֹךְ לְעוֹלָם וָעֶד אָמֵן ׃

ΤΩΔΑ ἀχαρὴ ἀμμισχτή.

Β

Νωδὲ λεχὰ ιεώουα' ἐλωίμ ἀβίνου, βεϊησχοῦα ἀμμασχῖαχ ἀδωνήνου ἀλ-χολθουβωθέχα, ἀσχὲρ τιχιέ, υετιμλώχ λεώλαμ ουαῆδ.

ΑΜΗΝ.

Ευχα-

Ευχαριστία τῆς τραπέζης.

B.

Ευχαριστοῦμεν σοι κύριε θεὸς πάτερ, διὰ τοῦ ΙΗΣΟΥ ΧΡΙΣΤΟΥ κυρίου ἡμῶν, ὑπὲρ πασῶν τῶν εὐεργεσιῶν σου, ὃς ζῇς καὶ βασιλεύεις εἰς τοὺς αἰῶνας, ΑΜΗΝ.

Das Gratias nach Tische.

ij.

Wir dancken dir HERR Gott Vater / durch Jesum Christum vnsern HErrn / für alle deine Wolthat / der du lebest vnnd regierest in Ewigkeit / Amen.

GRATIArū actio post cibum sumptum.

2.

Gratias agimus tibi Domine Deus pater, per Iesum Christum Dominum nostrum pro vniuersis beneficijs tuis, qui viuis & regnas in secula seculorum, Amen.

NVMERI

Die Zahlen

j	1	α	א	x	10	ι	י
ij	2	β	ב	xx	20	κ	כ
iij	3	γ	ג	xxx	30	λ	ל
iiij	4	δ	ד	xl	40	μ	מ
v	5	ε	ה	l	50	ν	נ
vi	6	ς	ו	lx	60	ξ	ס
vii	7	ζ	ז	lxx	70	ο	ע
viii	8	η	ח	lxxx	80	π	פ
ix	9	θ	ט	xc	90	ϟ	צ
x	10	ι	י	c	10	ρ	ק

NVMERI.
Die Zahlen.

c.	100	ρ	ק
cc.	200	σ	ר
ccc.	300	τ	ש
cccc	400	υ	ת
d.	500	φ	ך
dc	600	χ	ם
dcc.	700	ψ	ן
dccc	800	ω	ף
dcccc	900	ϡ	ץ
m	1000	͵α	א̈

m.	1000	͵α	א׳
xm	10000	͵ι	י׳
cm	100000	͵ρ	ק׳
mm	1000000	͵α	א״

&c.

Ein jeder lern sein lection/
So wird es wol im Hause
stohn.

Beschluß an die Christliche liebe Jugend.

ALlerliebsten kinder GOttes / dieweil die heilige Ebraische / vnd nechst derselbigen die Griechische / Lateinische vnd Deutsche Sprachen / das einige rechte mittel sind / durch welchs beide Geistlich vnd Weltlich Regiment / bis an der Welt End / kan / sol vnd muß bestelt vnd erhalten werden.

Vnd jhr / vor allen andern Menschen / als die entwehnten von der Milch / vnd die so von den Brüsten abgesetzt sind / wie der Prophet Esaias am 28. Cap. sagt / durch Gottes gnedige versehung insonderheit darzu auß erwehlt vnd mit Gaben begabt seit / das jhr dieselbigen in aller einfalt / ohne sorgen der zeitlichen Nahrung / auch fast ohne alle mühe vnd arbeit / spilend gleichsam / recht vnd wol erlehrnen / fassen vnd behalten könnet / Welchs den andern / auch ewern eigenen fromen Eltern / Herrn vnd Freunden / die mit mancherley geschefften vnd sorgen der Nahrung beladen sein gantz vnmüglich ist.

Euch auch / heut oder morgen wen jhr wol aufferzogen werdet / vor andern Betrachtern der hochbemelten Schrifften vnd Sprachen / beide das Geistliche vnd Weltliche Regiment ohn alle mittel muß zuhanden kommen / zu welchs nützlicher vnd tüchtiger Regierung / jhr dan der Sprachen so wenig als des täglichen Brots werdet entrathen können.

• Vnd euch dennoch (wie es jtzt in der Welt geschaffen) die lieben Sprachen / entweder nur halb vnd stückweiß / oder aber wo je etwas sonderlichs drauß werden soll / so schwer vnd mühesolig vorgelegt werden / das ewer mancher an den studijs verzagt / aus der Schulen entlaufft / vnd endlich zum Pracher vñ Betler werden muß / der sonsten so recht mit jhm gefahren würde / wol ein trefflicher Doctor werden köndte. Damit dan nicht allein

alle

alle zehrung vnd vnkosten vergebens vnd vmb sunst angewendet sein müssen/ Sondern euch allen/ vnd der gantzen werden Christenheit/ vnaussprechlicher schaden zugefügt wird/ welchen billich alle Menschen hoch vnd niedrigs Standes/ nach höchstem vnd bestem vermögen stewren/ wehren vnd vorkommen solten/es kostete sie auch was es jmmer wolte/ Als hab ich in betrachtung solcher hochwichtigen sachen/ nun eine lange zeit/ solchen mitteln vnd wegen nach getrachtet/ durch welche der studierenden Jugend/ doch dermahl eins so viel möcht geholffen werden/ das sie sich nicht mehr mit den Sprachen so viel martern vnd peinigen dorffte/ wie biß hero leider mehr den zu viel geschehen/ vnd noch an vielen Orten geschihet/ Vnd das sie mit ersparung der vielfaltigen schweren mühe Arbeit vnd vnkosten/ in den vier Hauptsprachen/ so viel möchte außrichten/ das sie dieselbigen/ wo nicht gar doch etwas leichter als zuuor studieren vnd erlernen möchte/ vnd so es müglich/ das sie dieselben jnnerhalb drey oder vier Jaren/ recht lesen/ schreiben/ verstehen/ reden/ vben vnd gebrauchen möchte/ worzu sie derselben von nöthen hette/ vnd sich nicht jmmer mit den blossen Buchstaben/ Worten vnd Sprachen martern dürffte/ sondern so bald als sie die Sprachen gelernet/ stracks auff/ Res, Facultates, Professiones & Artes, Wie vor zeiten bey den Römern/ Griechen/ Chaldeern/ vnd Ebræern geschehen begeben möchte.

Wiewol ich mich nun einer sehr schweren sachen vnterwunden/ daran auch die aller gelertesten/ so von der Babylonischen verwirrung der Sprachen her gewesen/ als an einen vnmüglichen dinge/ haben verzagen müssen/ Ich auch/ damit nicht wenig mühe/arbeit vnd vnkosten ausgestanden/ wil geschweigen vielfeltiger præiudicien, verachtung/ schimpffs vnd spotts/ so ich von freunden vnd feinden/ die meine Inten tion vnd meinung nicht verstanden / hab in mich fressen müssen / welches ich an seinen ort will gestellet haben.

Jedoch / wie sawer vnd schwer mirs worden ist / hab ich dennoch endlich / Gott sey lob / Ehr vnd danck / nach meinem wunsch vnd begehren den rechten Weg gefunden / durch welchen ein tüchtiger junger Knab / der sich desselbigen mit ernst annemen vnd vier Jar lang nach einander gebrauchen wil / in bemelten vier Sprachen / so viel ausrichten kan vnd sol / das er dieselbigen recht lesen / verstehen / reden / schreiben / vben vnd gebrauchen könne / wie vnnd worzu er jhrer von nöthen haben wird.

Damit aber jedermenniglich mit bemelten meinen sachen nützlich möge geholffen werden / hab ich vor dieser zeit / in der Heiligen Ebraischen Sprachen die Biblia, das Psalterium, den Danielem, Malachiam, Cubum Alphabethicum, das Principium Sapientiæ, &c. drücken lassen / daraus eyner in einem viertheil Jar / in bemelter Sprachen / so viel ausrichten kan / als sonsten in zwey oder drey Jaren / so er nur einen guten Anweiser darzu hat / wie ich dessen denn mehr dann hundert Zeugnis / der aller gelertesten Leut so in Europa zufinden / wenn es von nöthen / vorzulegen hab / jedoch was der vier Hauptsprachen Harmonicam docendi discendique rationem belanget / hab ich dieselbe aus erheblichen vnd hochwichtigen vrsachen biß auff diese zeit zurück gehalten.

Von nun an aber / bin ich / nechst GOTT / gentzlich entschlossen / alles vollend an tag zu geben / vnd jederman getrewlich mit zutheilen / was ich weiß vnd kan / das jhm zu rechtmessiger / nützlicher vnd geschwinder erlernung der hochbemelten Sprachen zutreglich sein mag / deß zum anfang habt jhr jtzt diß gering A B C Büchlein / damit wollet jhr vor lieb nemen / euch biß auff weitern bescheid drinnen vben / vnd des

andern

andern mit gedult vnd frewden erwarten / Bald hierauff / so GOtt wil / soll gleicher gestalt / form vnd manier / der gantze Catechismus / die Hauß Taffel / das Euangelienbuch / die Grammatica, das Dictionarium, alles in vier Sprachen auff einander folgen / vnd endlich auff gnedigste beforderung des Hochwirdigsten in GOtt, auch Durchlauchtigsten vnd Hochgebornen Fürsten vnd Herrn / Herrn Johannis Adolphi / Postulierten vnd erwehlten zu Ertz vnnd Bischoffen der Stiffte Bremen vnd Lübeck / etc. Erben zu Norwegen / Hertzogē zu Schleßwig vnd Holstein / Grauen zu Oldenburg vnd Delmenhorst / etc. meines gnedigsten Herrn / die gantze Biblia Alt vnnd New Testament darzu / aus welchen allen jhr denn das Complementum Sapientiæ, vnd die völle der Weißheit / gleich aus einem reinen Brunnen / fast ohn alle mühe schöpffen / fassen vnnd behalten könnet / wie jhr nur selber wollet.

Wer nun jtzt bemelte sachen so allbereit fertig / oder in künfftiger zeit können vnd sollen gefertiget werden / so wol als die Ebraische Biblia, das Psälterium, den Danielem, den Malachiam, das Principium Sapientiæ, den Cubum Alphabethicum, vnd andere meine sachen die vor etlichen Jaren vorfertiget / zu haben begert / der kan vnd sol sie in der Keiserlichen freyen Reichsstadt Lübeck / zun dreyen Kronen / am Fleisch schrangken / durch Christoph Richtern / vmb die billigkeit bekommen.

Dieweil auch Gott der Allmechtige nicht allein vns Deutschen / sondern alle Völcker wil gelehrt vnd selig haben / vnd mit bemelten sachen vielen frembden Nationen, mutatis mutandis, so wol als vns Deutschen kan geholffen werden / als bin ich erbötig / jederer Nation die es begeren wird / an stat oder neben der Deutschen Sprachen / jhre eigene Mutter-

 sprach

sprach / Es sey Dänisch/Schwedisch / Behmisch / Polnisch/ Schottisch/Engelisch/Frantzösisch / etc. mit zierlichen schönen Schrifften drucken / vnd von Lübeck aus/es sey zu Wasser oder zu Lande zukommen zulassen/damit ich hier zeitlich vñ dort ewiglich kegen Gott vnd der Welt entschüldigt sein möge / das ich niemand nichts vorbehalten vnd verborgen / was mir Gott zu seinen Ehren vnd der Welt Heil vnd Wolfahrt beschceret hat / Auch sich die ruchlose böse Welt nicht zu entschüldigen habe/das jhr Gottes Rath/ Wort vnd Gnad/nicht reichlich vnd vberschwenglich offenbart vnd mitgetheilt worden sey.

Damit auch zum vberfluß / jedermanne der es begeren mag/nicht allein schrifftlich/Sondern auch mundlich vnd augenscheinlich das rechte Fundament der Sprachen vorgebracht vnd dargethan werden möge.

Bin ich auch noch entschlossen / vor meine liebe Kinderlein / vnd vor anderer Ehrlicher Herrn vnd Freunde Kinder / eine eigene Haußschuel anzustellen/ darin ich dieselbigen nach meiner Erfindung (niemand hiemit etwas derogirt vnd benommen) instituiren vnd vnterweisen möge/ In gewisser hoffnung / sie in vier Jaren so weit zubringen.

Das sie das erste Jar / zum wenigsten recht sollen lesen/ vnd schreiben lernen / was jhnen in bemelten vier Sprachen / als Kindern mag vorgegeben werden.

Das ander vnd dritte Jar sollen sie neben den Linguis vollend singen vnd rechnen darzu lernen.

Das vierde Jar aber / sollen sie fast alles was sie in bemelten vier Sprachen / lesen vnd hören werden / verstehen/ auch darneben ziemlich wol von sachen reden vnd schreiben / wie es die notdurfft vnd gelegenheit erfordern mag. Vnd sollen nechst Gott / also abgerichtet sein / das sie nach ausgang

der

der vier Jar stracks Ad res, facultates, professiones & artes vnd andere ehrliche Handel vnd Wandel schreiten mögen/ doch alles nach gelegenheit eines jedern Ingenij vnd angeborner geschickligkeit/ Non enim ex quolibet ligno fit Mercurius. Verstandt kömpt mit Jaren/ vnd es ist einem jedern von GOtt nicht gegeben das er ein Doctor werden kan oder sol/ denn andere Leute mussen auch in der Welt sein.

Wo aber solche Linguarum schola eigentlich vnd gewiß jhren locum vnd stell haben werde/ wird künfftige handlung/ zeit/ vnd gelegenheit geben/ vnd meine andere sachen/ so mit Gottes hülff nacheinander ausgehen werden/ sollen solches jederman eher vnd besser versichert zu wissen thun.

Wer nu bemeldter meiner sachen schrifftlich oder mündlich theilhafftig zu werden begert/ wird sich darnach wissen zu achten/ vnd mich sampt meinen sachen wol wissen zusuchen vnd zufinden.

Diß ich euch aller liebsten Kinder/ nicht gewust zuuerhalten/ mit trewer Vormanung/ es wolle ein jeder/ die zeit der Gnaden vnd Gaben Gottes/ vor sich vnd die seinen in acht nemen/ vnd dieselbe also gebrauchen/ damit Gottes Ehr gefördert/ des Teuffels Reich zerstöret/ die Babylonische verwirrung der Sprachen auffgehaben/ vnd das H. Pfingstfest der Sprachen in diesen letzten zeiten/ in vnsern Hertzen angefangen vnd bestettiget werden müge/ Darzu vns allen/ Gott Vater/ Sohn vnd Heiliger Geist seine Gnade vnd Segen vorleye/ Amen.

An Meister Klügling

Paulus ad Cor: 3.

SO einer sagt / Ich bin Paulisch / Der ander aber / Ich bin Apollisch / seid jhr denn nicht fleischlich? Wer ist nu Paulus? Wer ist Apollo? Diener sind sie / durch welche jhr seid gleubig worden / vnd dasselbige / wie der HERR einem jeglichen gegeben hat. Ich habe gepflantzet / Apollo hat begossen / Aber Gott hat das gedeien gegeben. So ist nu weder der da pflantzet / noch der da begeust etwas / sondern Gott der das gedeyen gibt. Der aber pflantzet / vnd der da begeusset / ist einer wie der ander. Ein jglicher aber wird seinen Lohn empfahen / nach seiner arbeit. Denn wir sind Gottes gehülffen / Jhr seid Gottes Ackerwerck / vnd Gottes Gebew. Ich von Gottes gnaden / die mir gegeben ist / hab den Grund gelegt / als ein weiser Bawmeister / Ein ander bawet darauff. Ein jglicher aber sehe zu / wie er darauff bawe.

Einen andern Grund kan zwar niemand legen / ausser dem / der gelegt ist / welcher ist Jesus Christ. So aber jemand auff diesen Grund bawet / Gold / Silber / Edelgesteine / Holtz / Hew / Stoppel / So wird eines jglichen Werck offenbar werden / Der tag wirds klar machen / Denn es wird durchs fewr offenbar werden / vnd welcherley eines jglichen werck sey / wird das fewer bewehren. Wird jemands werck bleiben das er darauff gebawet hat / so wird er Lohn empfahen. Wird aber jemands werck verbrennen / So wird er schaden leiden / Er selbs aber wird selig werden / So doch / als durchs fewer.

Wisset jhr nicht / das jhr Gottes Tempel seid / vnd der Geist Gottes in euch wohnet? So jemand den Tempel Gottes verderbet / Den wird Gott verderben. Denn der Tempel

Gottes

Gottes ist Heilig / der seid jhr / Niemand betriege sich selbs. Wer sich vnter euch dünckt weise sein / der werde ein Narr in dieser Welt / daß er möge weise sein / Denn dieser Welt weißheit ist torheit bey GOTT. Denn es stehet geschrieben / Die Weisen erhaschet er in jhrer klugheit. Vnd abermal / Der HERR weiß der Weisen Gedancken / das sie eitel sind. Darumb rühme sich niemandes eines Menschen. Es ist alles ewer / es sey Paulus oder Apollo / es sey Kephas oder die Welt / es sey das Leben oder der Todt / es sey das gegenwertige oder das zukünfftige / Alles ist ewer / Jhr aber seid Christi / Christus ist aber Gottes.

SOLI DEO GLORIA.